JN408773

뿌리깊은 그루터기

지성 · 감성의 메타언어
조선문학시인선 · 323

뿌리깊은 그루터기

박 영 재 시집

조선문학사

■ 책머리에

태초에 하나님이 세상을 창조하시고 당신의 형상대로 인간을 창조하셨기에 선조님들이 계셨고 우리 가문이 이어지면서 오늘에 이른 것이다.

조상들이 나의 혈통적 뿌리이듯이 나 또한 나의 후손들에게는 뿌리임이 틀림없으리라.

나는 종손으로 고조부(高祖父)께서는 영종(英宗) 때 통덕랑(通德郞)에 통정대부(通政大夫)요 증조부(曾祖父)께서는 헌종(憲宗) 때 선략장군(宣略將軍)에 충무위부사(忠武衛副司) 등의 직책을 맡으며 우리 가문의 뿌리가 되어 주셨다. 시간이 흘러 일제 강점기와 대동아전쟁 중인 1943년 2월 22일에 태산같이 우뚝 서서 가사(家事)를 일으키시며 4형제를 낳아주신 아버지(朴在洛)께서 39세의 젊은 청년의 나이에 세상을 떠나시고 남기고간 올망졸망한 4형제를 32세의 젊은 어머니께서 책임지셔야만 했다. 나는 장남이지만 13세였고 막내인 4째가 첫돌을 지낸(1942년 9월 15일) 상태였으니 그 파란만장한 삶의 여정이란 형언할 수 없는 고난의 세월이었다. 그런 가운데서도 가정을 지키시고 다시 일으키시며 자식들을 남부럽지 않게 가르쳐서 각 분야에서 보람된 삶을 살 수 있었음은 첫째는 하나님의 은혜요 다음으로는 억척같이 살아오신 어머니의 기도와 강한 의지가 있었기 때문이라 믿어 의심치 않는다.

성경에 "……밤나무 상수리나무가 베임을 당하여도 그 그루터기는 남아 있는 것 같이 거룩한 씨가 이 땅의 그루터기니라(사 6 : 13)"는 말씀처럼 이제는 그 형제의 직계 후손이 85명의 대가족을 이루게 된 것은 어머니의 눈물의 기도와 반석같이 변하지 않고 흔들리지 않는 믿음 때문이었다. 뿐만 아니라 목회자가 여러 명 배출되어 복음사역을 감당하고 있는 것이 큰 축복임을 믿는다.

그리하여 나의 어머니 조광녀 권사의 헌신과 충성의 삶이 알려져 성결교단의 역사인물로 선정되어(성결교회 인물전 제9집) 그저 감사와 영광을 하나님께 돌리지 않을 수 없다.

가문에 신앙의 뿌리가 깊이 내려지고 새순이 자라나 무성한 숲을 이루게 하심을 생각하면서 부족한 사람의 제1시집 『반석 위의 백합향』에 이어 두 번째 시집으로 『뿌리 깊은 그루터기』를 발간하게 되었음을 밝힌다. 또한 시조시집으로 『산수와 동행』에 이어 두 번째 시조집으로 『구름을 타고 땅을 보니』를 출간하게 되니 그저 감격스러울 뿐이다.

이 같은 일은 부족한 사람을 위하여 아낌없는 지도와 가르치심으로 이끌어주신 조선문학의 발행인이신 박진환 박사님과 조선문학문인회 선・후배 문인들의 애정 어린 격려에 용기를 내게 된 것을 감사드린다. 그리고 문학의 초보자이고 그루터기에 돋아난 새순 시들지 않도록 잘 보살펴주실 것을 바라고 믿어본다.

뿐만 아니라 오늘 이 땅 위에 살게 하신 천국에 계신 어머니와 먼저 하늘나라에 가서 기다리고 있는 사랑하는 아내 이금녀 권사와 나의 피붙이인 가족들에게 고마움을 표하며 특별히 시집 출판 비용을 전담하여 사랑을 표해 주신 내 고향 양구의 이재영 님께 진심으로 눈물겹도록 감사를 드린다.

2012년 여름에

영천(永泉) 박영재(朴永宰)

뿌리깊은 그루터기

제2부
계절과 함께

제3부
사양(斜陽)의 노래

제4부 시집 평설

제1부

사향보

고향마을 · 1

산촌 고향 마을에
저녁연기 떠오르면
멍석자리에 모깃불 피우고
동네사람 둘러앉아
옥수수 하모니카 삼아 곡조 없는 노래방 되고
메아리 없이도
웃음꽃 활짝 피워 정다운 이웃사촌이 된다

눈 매운 쑥 연기는
메이커 없는 천연 모기향
향으로 모기장 둘러친
흐르는 시간 속을
깊어가는 밤하늘
쏟아지는 별똥별이
빗금을 긋고 간다

고향마을 · 2

옛정이 그리워
높은 산 바위틈
등 굽은 노송 밑에 앉아
산새들 친구삼아
산계에 발을 담근 파한으로
한때를 보낸다

물길 따라 흘러가듯
옛시절 따라 흘러가고
어깨동무 스크랩 짜고 부르던
고향노래 정겨워라
저녁노을 하늘 멀리
고향노을도 붉게 탄다

고향 샛강

살금살금 건너뛰던
징검다리 끝자락에
쿵덕꿍 쿵더덕꿍
세월을 퍼내며
돌아가던 물레방아

인정 많으신
우리 엄마가
떡방아 찧으시던
먼 옛날 옛적의 그 모습
그리운 옛날이야기
오늘도 물레방아가 돌리고 있다

내 고향 7월은

7월엔
산도 들도 멍이 든다

장대비 회초리질로
쏟아지면
아픈 매질에
퍼렇게 멍이 든다

멍이 들어
살이 되고 피가 되어
가을로 익는다

7월은
가을을 가꾸는 달이다

바 람

어떤 때는
가슴의 풀무질로 정염을
태우기도 하고

어떤 때는
이글이글 타는 불길 꺼
어둠으로 삼키기도 하고

또 어떤 때는
바다를 일으켜 세워
해일·노도의 격랑으로
말아가기도 하는

바람은
재앙이고 악마이며
폭력의 대명사다

허나
바람은
꽃그늘 말아가는
순하디 순한 손길이기도 하다

커피와 인생

한잔의
커피 속엔
인생이 들어 있다

사랑도 미움도
불행도 행복도
다 타 마시니까

마셔본 이는 안다
커피잔 속에
인생이 들어 있다는 것을

오늘도 나는
한잔의 커피에
인생을 타 마신다

레스토랑에서

한잔의 포도주로
하루치의 피곤을 풀어본다
레스토랑 푹신한 소파
안주삼아

안주보다 더 달콤한
미모의 여인
와인 없이도 눈빛으로
발효되는 취기

레스토랑은
내가 찾는 지상의
낙원

시골장터

시골
5일장
덤이 더 푸짐한
인정으로
장바구니가 살이 찐다

어물전의 어전이며
과일가게의 풋과일이며
없는 것이 없는
일용전의
박물장터

사는 정
파는 정에
인심이 살이 찌는
시골
5일장터

옹달샘

물은 생명의 근원
한 방울 물이 모여
도랑물 되고 도랑물이 모여
강으로 흐른다

물은 낮은 곳 골라 흐르고
머리 숙여 순종할줄 아나
거역할줄 모르며
모든 오물 정화시킨다

봉사하는 마음 모았다가
나누어주며 살아가는 삶
물 없이는 만상이 죽어가거니
물은 곧 구원이다

찾아가는 겸손
말없이 온유한 태도
과학문명의 비정한 삶 헹궈
물처럼 살 수 없을까

도토리

떼굴떼굴 도토리
어디메서 왔니
단풍잎 곱게 물든
산숲에서 왔지

둥글둥글 도토리
어디메서 왔나
깊은 산골 새소리에 물렸다 놓여져
예까지 굴러왔지

붉은 얼굴 도토리
어째서 왔냐
굶주린 다람쥐 피해
피난살이 왔지

청령포에서

봉황 날개 부러졌는가
내려앉은 청령포 동산
외로운 고독의 섬에 머무르다

하늘엔 뭉게구름 흘러가고
유유히 굽돌이로 흐르는 동강
저 강물은 슬픔의 눈물인가

건널 수 없는 강 언덕
관음송 가지에 봉황이 앉아 울고
슬픈 듯 외로이 서 있는 나무 있네

삼면은 물에 둘러싸이고
뒷산은 기암절벽으로 병풍두른
아름다운 꽃 한송인가

다시 못 볼 봉황은 날아갔지만
아직도 그 숨소리 들리는 듯
숙연한 마음 아프게 쪼개진다

쉼 터

바라보는
들녘 저쪽으로
바람의 행차가 지나간다
손 흔들어 나무들이 보낸다

햇볕에 기대어
눈으로 보내는 구름
한나절과 동행한다

봄 길동무 삼아
잠시 쉬었던 자리에서
일어난다

가슴엔 듯
이마엔 듯
꽃바람 스친다

쉼터에서

나무 그늘에 앉아
잠시 쉬어본다

눈 들어 올려다보는
하늘

눈으로 구름을 보내면서
마음도 구름이 되어 본다

저만치 웃고 있는
꽃

가슴에도
한 송이 핀다

세 월

되돌아보니
내가 찍고 온 발자국
선연하다

어떤 것은
헛발질로
어떤 것은
들여놓지 않았어야 할
족지(足指)로
재촉하던 발걸음을 멈춰
되돌아보게 한다

지나온 80 길고도 험했던
터널
회초리 아픈 세월이
흘러가는 구름으로
터널 저쪽 노을로 핀다

비오는 날의 그대 생각

비오는 날
유리창은 꽃밭이 된다

그리운 얼굴들이 꽃으로 피고
지워졌던 사연들도
꽃으로 핀다

못다한 사랑
우수로는 달래지 못한
옛날의 사랑도 꽃으로
피고
따뜻하게 불러보는
이름 하나도 꽃으로 핀다

비오는 날 유리창은
우수(雨愁)와 우수(憂愁)로
피우는 꽃밭이 된다

그 여인

눈 감으면
떠오르는
얼굴 하나

눈 뜨면
텅빈 공허

꿈길로만 찾아가고
꿈길로만 찾아오는
꿈과 현실 사이에는
철조망

건널 수 없는
먼 강안 바라기 하고 서서
그리움 등불로 켜
그대 오실 꿈길
등대되어 밝혀 본다

지나간 일

지나간 것은 아름답다 하던데
왜 지워버리고 싶을까
인생 황혼 때문일까
허심(虛心) 버릴 수 없구나

지워지지 않는 모습
귀 막아도 들리는 음성
아직 소중한 옛으로 남아 있는데
왜 지워버리고 싶은 것일까

살다 보면 부질없음
어찌 한둘 이겠는가마는
오래오래 간직하고 싶은 것도
있지 않던가

지워버리고 싶다는 허심
달래지 못해
먼 옛을 뒤돌아본다

저 별은

무슨 그리움 있어
저 별에 가 닿을까

무슨 바람 있어
저 별에 가 닿을 수 있을까

그리움과
바람으로 하늘바라기 하면
저리 별이 될 수 있을까
별이 되어
가슴속 깊은 어둠
비춰낼 수 있을까

오늘도 별을 쳐다보며
별 하나
가슴으로 키워본다

사기꾼 바람

바람은 사기꾼이다
스친 가슴마다
당한 사기로 구멍이 뚫린다

봄바람엔
사랑이 속고
여름바람엔
가슴이 속고
가을바람엔
이마가 속는
그리하여 겨울바람엔
체온이 속는

철따라 부는 바람은
사기꾼이다

부모님 은혜

아버님은
나의 종교
믿고 사랑하고 존경하니까

어머님은
나의 신앙
육신과 함께 정신도 살찌우는
젖을 주셨으니까

어버이는
종교와 신앙
예수그리스도의 사랑이 그러하듯
어버이 사랑에 업혀
살이 찐다

빨간 우체통

삼거리 모퉁이에
빨간 모자 눌러쓰고
홀로 우두커니 서 있는 우체통

무슨 사연 기다릴까
기쁜 사연
슬픈 사연
사연마다 피가 도는

피가 돌아
살아 숨쉬는
빨간 모자 눌러쓴
우체통

생각의 샘 마음에 지녀봐
언제나 마르지 않는
행복 퍼올릴 수 있어

행복이란
마음에서 솟는
생각의 산물이거든

그리운 로맨스

가신님이 그리워서일까
그리움으로 길을 연 때문일까
오솔길 따라 걸으며
떠오르는 그대 얼굴
마음으로 그려 본다

되돌아보면 가슴 저린
아리고 아픈 사연들
바스락 부서지는 낙엽소리에도
귓가엔 방언처럼 맴도는
웃음소리

맺어지지 못한
가슴과 가슴 사이로 열린
길이 하나
그리움 동행으로 걷고 있는
황혼녘의
긴 그림자 하나

산은 아버지다

산은 아버지의 상
엄숙한 표정엔 변함이 없다

슬하엔
크고 작은 봉우리들 거느리고
등뒤엔 항시 업혀 자라는
식솔들

이마 맞댄 형제들과
오순도순 우애를 나누는
덕성으로 기른 인자

화목한 가정을 다스리는
산은 아버지다

들은 어머니다

들은
어머니다
품엔 언제나
귀한 자식들을 안아 기르고 있다

모든 생명의
모태
자연의 법도를 좇아
생멸을 다스리는
지극한 모성

들은
자애로운 어머니다

기다림

여명에서 해넘이까지
임바라기 해바라기로 서서
마디마디 기다림 가누고 선
짧은 하루

달빛 고운 밤이면
달맞이 꽃으로 기다림이 되는
님오시는 길 밝히는
작은 등불 걸어두고
기다리다 기다리다 지친
긴긴 밤

행복이란

행복에도 냄새가 있다면
어떤 냄새일까

코로는 맡을 수 없지만
가슴으로 맡을 수 있는
행복이라는 이름의
냄새

가슴으로 샘물을 퍼올리는 이만이
가슴으로 맛보고 맡을 수 있는

가족의 울타리 안에서
서로 사랑으로 감싸 안을 때
맡을 수 있는
행복이란 이름의
냄새

제2부

계절과 함께

봄바람

가지가 흔들리는 건
바람 때문이다

바람도 없이
흔들리는 가지도 있다

제멋대로 뻗은
생각의 가지

가지 끝에
바람 이는 날엔

그리운
얼굴 하나 있다

봄의 찬가

꽃은
자연이 보내온 화환
종달이는
천사들의 합창단
개나리가 타종한
노란 황금 종소리에 맞춰 열리는
봄의 축제

자연속에

잔설을 녹이며
아지랑이 산자락을 감아올리고
들녘엔
연록의 잎새들이 혀를 내밀고
햇볕을 핥아댄다

여인네 칼끝으로
냉이 달래 아닌
봄을 캐고
양지녘엔
광우병의 지옥에서 살아남은
누렁이 황소가
햇볕을 즐기고 있다

진달래 꽃잎

붉은 꽃잎
독묻은 햇살의 주사바늘에
꽂혀설까

아니면
초경으로 붉힌 부끄러움의
얼굴 때문일까

진달래 꽆잎
앞에 하고
붉힌 사연 들여다 본다

민들레 · 1

길섶이나 돌담 틈새가
고향인 민들레
올려다 본 고향 따로 있어
노란 모자 눌러쓰고
향수에 젖어있다

민들레 · 2

가장 낮은 키로
그중 높은 꿈을 키운다

자투리 봄볕 수혈삼아
하늘에 날릴
생명의 씨앗 키워
영글기 기다려 하늘에 뿌리는
민들레

지켜보던 패랭이꽃이
부러운 듯
파란눈으로 하늘바라기 한다

봄바람 여인

잔설 덮인 산자락
가물가물 아지랑이 춘곤증 몰고오면
나른한 햇살
몸살긴듯 신열 돋우고

치마폭 잡고 늘어지다 채인
바람에 바람맞은 봄바람
여인네 가슴에 감기는 연두빛에도
몰래 감춘 바람기로 설레임한다

봄마중

얼음 풀린 샛강 물소리
조심스레 행보 고르고
꽃샘추위에 놀란 버들강아지
햇살 훔쳐보다 사시가 됐다

씀바귀·냉이 캐는 시린 칼끝
햇볕 받아 도금으로 반짝이는데
욕심 없는 순이 꽃바구니엔
가득히 담겨 넘치는 바람

종달이 울음으로 비비 꼬아올린
한나절이 수직으로 직립하고
울타리 가 흐드러진 살구꽃이
어리석은 삶의 남루를 가린다

봄소식

하필이면
꽃피는 날 찾아오는
황사

시샘일까
심술일까
꽃피는 날 골라 찾아오는 걸 보면
반가운 손님은 아닌 것 같다

허긴
꽃 좋고 하늘 맑기가
이보다 좋은 곳 없으니
심술이건 시샘이건
탓해 뭣 하랴

부부 민들레

난쟁이 키에
노란 꽃바구니 이고
부부 민들렌 듯
쌍으로 피어 있다

씨주머니 바람에 날리며
돌아가는 날도
동행이겠지

잠시 피었다 가는
귀천(歸天)길
바람의 등이 싫지 않구나

새 싹

먼산엔 잔설 남루한 흰옷입고
양지자락 아지랑이 어지럼증 앓듯 너울대고
새로 돋은 새싹 예쁜 아가씨 웃음 웃고

겨우내 묵은옷 벗어던지고
새옷 갈아입은 곱게 머리 빗어넘긴 앞산
강변에 민들레 수줍은 여인

개나리 품에 안긴 병아리떼
담장 밑에 춘곤증에 떨어지듯 잠들고
봄들엔 새싹캐는 봄처녀 짝꿍

벚꽃 그늘에 앉아

벚꽃 그늘에 앉아
수고로운 삶 잠시 벗어
가지에 걸면
마음은 이미
한 마리 나비가 되어
날아간다

벚꽃 그늘에 앉아
파한으로 부른
그리움 날개로 펼치면
꽃잎으로는 날아갈 수 없는
나비가 되어
날아간다

벚꽃과 나비는
파한(破閑)과 보한(補閑)으로
한자리 한
꽃그늘의 단상이다

농촌의 봄

개울물이
또르륵 또르륵
토악질을 해댄다

가난한 울타리에 핀
살구꽃은
남루에 비해 너무
사치스럽다

누런 암소 한 마리
등에 한
한나절을 되새김질 하고

가시네들은
한 소쿠리씩
봄을 캐온다

꽃그늘

꽃그늘에 앉아 있으면
가슴에 피가 돈다

피한방울 섞이지 않은
꽃잎인데
무엇 때문에 피가 돌까

예쁜 것을 보면 도지는
가슴엣병
사랑 때문이지

봄이 오면

개나리 진달래꽃이
시기하듯 다투어 피어나고
산들산들 봄바람이 긋고가는
봄노래 가락이 흥겨워라

살포시 날아가는
지는 복사꽃잎 따라서
노랑나비 춤추며 따라가고
나비 쫓던 아이들 놀이동산 해가 넘는다

민들레 홀씨

봄바람 불어오니
담장 밑에 민들레는
노란 보자기에
봄 싸 이고 있다

세면바닥 틈새에서
작은 생명 꽃대로 세우고
보자기에 싼
노란 봄을 이고 있다

이고 있던
봄 풀어 날려 보낸 홀씨
민머리가 된 민들레
하늘 부끄리며 서 있다

제 비

젖은 땀 식히며
툇마루에 누워
들락이며 새끼 기르는
제비를 멋하는
하일한(夏日閑)
들락이는 제비 부부의
부지런에
한나절 한가가
마음 접게 한다

짐승이고 사람이고
자식사랑은 매한가지

자식놈들 찾아들 나이인데도
부질없는 기다림

제비가족을 보며
외로움으로
파한(破閑)해 본다

나비처럼

나비처럼
짧건 길건
한 생을 꽃을 벗해 산다면
행복할까

들락이며
이꽃에서 저꽃으로
정착없이 떠돌아도
행복할까

행복이란
사람마다 달리 꿈꾸고
좇겠지만

꽃과 함께 한
나비의 생이
어째서 허무하게 느껴질까

장 미

타오르는 불빛을 보며
순간을 살아도
너처럼 살 수 있을까를 뇌어본다

한편의 시 같은 향기
열정의 열기 가슴에 품어 기르면
꽃으로 피어날까
핏빛 장미

들 꽃

들판에 한포기 풀꽃
피투된 채 홀로 피었다가
바람따라
계절따라
우연으로 피고지는
풀꽃

찔레꽃

순한 향에 비해
가시는 독하다
어찌 독한 것이
가시뿐이겠는가
햇살도 침으로 밝혀와
땀구멍을 뚫어주고
뚫린 구멍으로 5월이 스며들어 번진다

하이얀 접시꽃

층층이 건 등불이다

환한 대낮인데도
밝혀건 등불은
기다림일까
그리움일까

하얀등은 그리움
빨간등은 기다림
아마도 그런 등불인가
싶다

담쟁이

용케도
틈새만 골라 잡고도
월장을 한다

담쟁이 뿐이랴
허물어진
생의 틈새에만 끼어드는
그런 얌체도 있지

벼랑까지 기어오르는
지상의 무릎 위에 기생하는
모든 슬픔

네가 가로 막고선
담장을 넘고 싶다

넘어
슬픔에서 벗어나고 싶다

신록의 6월

신록의 계절엔
마음에도 가슴에도
초록물이 든다

물이 들어
나무도 되고 가지도 되어
푸른 숨을 쉰다

푸른 숨이 나르는
피도
초록빛으로 번져
그린이 된다

6월은
푸르름으로 사는
살이 찌는 계절이다

7월의 향기

아침마다
무엇을 불어댈까
7월의 꽃
나팔꽃은

백합은 함성대신
향기로 말하고
장미는 빛깔과 함께
가시로 말하는데

향기도 가시도 없는
나팔꽃은
무엇을 말하고 싶었기에
아침마다
나팔을 불까

해바라기꽃

어찌해서 너는
해만 바라보고 있느냐

어찌해서 너는
해를 닮았느냐

너도 가슴이 있어
해처럼 뜨겁느냐

어디
해바라기 뿐인가
해바라기 하고 사는
인간들도 그러하거늘

벌 초

웃자란 풀
조선 낫질로 깎아낸다

서른 넘어설 무렵
혼자 말씀이듯
'이제사 철이 드는구나' 하시던
어머님 말씀 들린다

무덤 옆 갈참나무
상수리 떨구는 소리 귀동냥하시며
'아 가을이구나' 하실
어머님 모습 뒤로 하고

서산노을 밟으며
산을 내려 온다

느티나무

느티나무는
세월을 벗하고 산다

더러는
가지에 걸치고
더러는
허리에 감으며
세월과 함께
세월로 산다

잠시 쉬어 가는 이 있어
내 나이를 읽어주고
내 키를 재보고
내 허리를 안아주면
그것으로 다하는
내 몫

동구나 지키며 사는 텃수로
항시 쉬어가는
나그네를 기다린다

추석 명절

명절이라고
즐거워들 하는데
명절증후군 스트레스에
옮은 달이
빛을 잃는다

아내 시름
아들 불만
형제간 원망
고부간 갈등

보름달빛 밝히면 풀릴까
풀려 화목의 웃음으로
번질까

가슴의 응어리 모두 풀고
만월의 축복아래 서보자

주목(朱木)

살아서 1천년
죽어서 1천년
변함없는 일편단심을 두고
나무중의 왕이라 했던가

세상풍파
삶의 해오리가 일으키는 삭풍
다 이겨내고
하늘바라기로 살아온
2천년

내 인생에도
그런 주목(朱木) 하나 키워
벗하며 살고 싶다

까치집

동구밖 미루나무 가지에
새집 짓고
신혼살림 꾸미는 까치 한쌍

알 낳고 새끼 까서
잘 자라 번식하니
마을 경사 아니던가

저 까치처럼 화목하고
번성하여 부자마을 되면
까치 울음소리
마을 노래방 안되겠나

가을 향기

꽃잎은
제 향기의 무게를 가누지 못해
낙화하지만

향기 없는 메마른 낙엽은
무슨 무게를 지녔기에
떨어지는 것일까

낙과도 아니고
바람 탓도 아닌
낙엽의 추락

아마도
하느님이
익은 과일로 알고 떨어뜨린
모양이다

하느님도 실수를 하시는지

가을 · 1

하늘은 목화밭
하늘나라 천사촌에
시집갈 처녀 있나보다

산을 타오르는 불바다
산신령님이
화전이라도 일구시나보다

강은 펼쳐논 옥양목
용궁에 무슨
잔치라도 있는 모양이다

가을은
천사도 산신령도
용왕도
바쁜 계절이다

가을・2

누런 가을햇살에
오곡백과 누렇게 따라 익어가고

산자락 들판에 서 있는
허수아비 왕방울 눈도 탐조등처럼 빛난다

풀벌레 구슬픈 울음소리
어찌 저 미물들이 돌아감을 아는 것일까

계곡 흐르는 물살에는
가을을 싣고 떠나가는 낙엽 한 잎

가을·3

햇볕은 황금가루
일시에 세상이
금박된다

황금으로 둔갑한
세상
새들의 울음도
황금알로 뱉어진다

인생도 황혼으로
금박된 노을길
꼬부랑 지팡이에 의지해
노을을 걷는다

갈 대

갯가에 우거진 갈대숲
살랑바람에도 몸 가누지 못하고
개울물에 그림자 띄워 보내며
떠내려가는 제 그림자
님 보내듯 들여다 보고 있네

단 풍

바라보는 앞산자락
불길 번지고
번진 불길에 산도 숲도
내 가슴도 탄다

탈수록 시원히 뚫리는
가슴
아직 불길 당겨 불붙일 수
있다는 것이 행복하다

불씨 없었으면 되지 않을 일
여직 불씨 지녔음을
행복으로 안다

환상에서

그 여인 만나면
바보가 된다
눈웃음 맞추고
솟은 코 맞대고
도톰한 입술 맞추며
떨리는 가슴
떨리지 않는 가슴으로
어찌 사랑을 맛보겠는가
깨어나지 말거라
환상이 두렵다

한가위

고향길 멀고 험할수록
어머님 음성은 가까이 들리는
가슴 설레이며 달리는 길 고향길

동구밖에 다다르자
하얀 모자 눌러쓰고
맨발로 달려오시는 어머니

툇마루 둘러앉아
오순도순 이야기 꽃피우며
손끝으로 빚은 꽃송이 송편

따뜻한 사랑 익어가고
밤이 깊어 갈수록
마음은 또 하나의 달덩이 떠올리는
한가위

가을산

불붙은 가을 산

방화범이 누구이면 어떻고
소방차가 안오면
어떠하랴

불구경 눈요기로
한끼를 걸른 시장기는 가셨는데
시장기가 대수랴

타거라
활활 타올라서
세상의 그늘 거둬가면
그 아니 좋겠느냐

달 빛

뜨거운 가슴은 싫어
냉기 도는 가슴이 좋아

차가운 가슴이 지른 불이어야
더디 타는 법

가슴에 불질러 연기나 피우면 뭘해
타버린 숯덩이 남기면 뭘해

타면 탈수록 넘치지 않는
그런 가슴에 품은 달빛이면 그만인 것을

단풍잎

영원을 약속하며
책갈피 속에 끼워
고이 간직한
소중한 단풍잎 하나

마음 모아
정성들여
잠재우고 싶은 그리움이
아련한 추억의 장을 넘기면

가슴의 풀무질에도 타지 않고
끼워져 있는 그 잎새

어찌하여 마른 영혼이
산 영혼을 흔들어 깨울 수 있는가
흔들어 깨운 혼의 마당에
꽃비로 내리는 단풍잎

밤 눈

밤새 내린 눈으로
울타리 치고 싶었다

울타리 쳐 놓고
따뜻한 아랫목에
잠들고 싶었다

잠들어 꿈이라도 꾸는 날이면
그대 위한
그리움이 되고 싶었다

그리움이 되어
나란히 발자국 찍고 싶었다

3월에 설국(雪國)

춘분(春分)이 지났는데
철없는 폭설 내려
오염된 이 세상을
하얀 만나로 덮으시다

너와 나 할 것 없이
자연환경 파괴하니
민초들 한탄소리
하나님 들으셨나

유례없는 3월 설국
온세상 덮으시니
더러워진 사람마음
흰눈처럼 깨끗하다

뜸북새

뜸북뜸북
저것이 어찌 알고
북을 떠나온 노래를 할까

뜬북뜬북
듣기에 따라서는
북을 떠나왔다는 말이 아닌가

안개로도
뜸북새 울면
고향생각으로 가슴이
아파오는데

뜬북
뜬북
아픈 곳을 쫀다

바닷가에서

바닷가에 서면
파도가 밀려오는데
가슴에선 그리움이 밀려온다

바다 저쪽에
고향이 있듯이
가슴 저쪽에
사랑이 있기 때문이리라

바닷가에 서면
건너지 못하는 아픔이
파도로 몰려오고
몰려와 그리움이 되어
사향으로 출렁인다

제3부

사양(斜陽)의 노래

세 월

처음 당신을 만나던 날
그 강 언덕 맑은 물결같이
날이 갈수록 우리 사랑도
강물처럼 깊어져만 갔었지

꽃피고 낙엽 지듯이
꽃바람 불고 설한풍 불 듯
우리의 마음 아득하게
멀고도 가까이 떨고 있었지

두 몸이 한마음인
사랑하는 당신을
이제는 어쩔 수 없이
저 강물처럼 홀로 흘러 보내야 하다니

떠날 때

가을은 떠나야할 계절
나뭇잎새 발자국으로 떠나고
들풀도 돌아감을 아는지 지쳐 눕는다

황금열매 오곡백과
다 어디로 갔나
들녘을 충만의 풍요로 덮였던
금싸락 보이지 않네

어여쁜 들꽃도
계절 따라 사라지고
무성한 숲 떠난자리엔 드러낸 속살

보내는 마음 아프지만
이제 나도 떠나야할 시점
마음 털고 미련없이 떠나는
이별연습 익혀두자

황혼길 · 1

노을녘에 선 긴 그림자 저쪽
가버린 날의 세월
하얀머리의 갈대가 되어
뒤돌아 본다

아름다운 듯 슬프고
슬픈 듯 아름다운 추억들
어찌하여 가버린 것들이
아름다움과 슬픔으로 돌아오는가

해너미 앞세워
노을은 하루를 부려놓고 돌아가고
갈대로 선 흰 머리칼 위로
사양(斜陽)이 빗금을 긋는다

황혼길 · 2

황혼녘 노을빛이
해가 갈수록 더 곱게 보인다

마음 때문일까
나이 때문일까
아니면
황혼녘에 들어선
노경의 심회 때문인가

가버린 날이 다시
돌아오지 않는다 해도
살아갈 날이 지척이라 해도
슬퍼하지 말 것이

아직도 다하지 않은
고운 노을이 있고
내가 불사뤄야 할
인생 노을이 곱기 때문이다

시를 쓰면

괴롭고 허전할 때엔
마음 펴내
시로 담아내고
외롭고 슬플 때엔
인생길 친구 되어 시를 쓴다

시를 쓰면
마음을 짓누르던
무거운 바위 하나 스르르 사라지고
흐르는 마음밭에
평화가 원고지를 펼쳐준다
시를 쓰면 마음의 평화가 찾아온다

말 한마디

마음이 고운 사람의
말 한마디엔
온유한 사랑이 담기고
감사와 축복의 말엔
행복의 삶의 길 열려진다

마음이 미운 사람은
한마디 말 속에
미운 말 교만한 말
험담과 저주의 말 섞여 있어
불행한 삶의 길 스스로 불러온다

하나로 · 1

하늘도 하나
땅도 하나
물도 하나인데
국토는
남과 북으로 갈리어
하나가 아니다

한마음 한뜻 하나로 뭉쳐
통일로된 한나라되고
하나로 무궁화 피우고
하나로 나라 세워
하나이신 하나님 섬기는
그런 하나된 세상 이루었으면

하나로 · 2

몸도 하나
마음도 하나
정신도 하나

가는 길도 하나
가야할 곳도 하나인
인생길

하나로 시작하고
하나로 끝나는 세상
몸 · 마음 · 정신 하나되면
못 이룰 것 하나도 없다

진실하게

꽃은 피었어도
소리가 없고

새들은 울어대도
눈물이 없다

사랑은 불처럼 타도
보이지 아니하고

진실은 가리워 있어도
속살까지 볼 수 있다

숨길 수 없는 진실
숨길수록 빛이 나는 진실

듣는 귀

들을 수 있는 것을
듣는 귀는
살의 귀다

마음에 달린
귀는
들을 수 없는 것을
듣는 귀다

말하지 않아도
듣고
말해도 듣지 않는

그런 귀로
산다

인생 노을

세상길 돌고 돌아
석양길로 접어들어
흰머리 흉한주름 등굽은 허리
남길 것은 이웃에 베풀고 갈 선과 덕인 것을

험한 벌판 걸어오고
모진 광풍 겪으면서
한포기 들꽃처럼
지나온 세월따라 피고 질것인가

이제 마감을 준비하며
모든 것 다 비워 버리고
석양의 노을빛처럼
비운 자리마다 예쁜꽃
좋은 열매 남겼으면

인생길

오늘 지나가면
내일 다시 오듯
허송한 금년 지나니
큰 꿈 안고 내년맞이 다시 한다

인생은 지나간 길
다시 밟지 못하니
흐르는 세월 속에
사랑의 꽃 피워야지

피워 큰 열매 거두기 위해
허둥지둥 헤매이며
가는 길 막지못해 주어진 제일이듯
철길따라 가는건가

용 서

쉬우면서 어려운
두 글자에 담긴 뜻
찌든 때 헹궈 백지처럼
깨끗하게 닦고 싶다

남의 허물 따지기 전에
내 허물부터 용서 받는
그런 몸가짐으로
용서란 뜻을 배우고 싶다

한발짝씩 물러서면
서로가 웃을 수 있는 법
서로가 먼저 손내밀면
용서가 되는 법,
그런 법부터 배우고 싶다

생각하는 꽃

말하는 꽃을
어화(語花)라 했던가

말과 함께
생각하는 꽃이 있다면
생각과 함께
꿈꾸는 꽃이 있다면

그 꿈은
어떤 빛깔을 하고 있을까

길가에 핀
들꽃 벗하며
꽃의 꿈을
가슴으로 피워본다

손잡고

봄 오는 소식 맞으러
동구 밖에 나아가니
물소리 산새소리가 먼저 나와 있다

부둥켜안고 빙빙 돌아 흐르는 냇물에
삶에 지친 피곤함이 앓는 신열 풀어
함께 흘러 보내며

어디로 가는지 행방은 몰라도
함께 마음 나누며 손잡고 걷는
봄이 마중해주는
길동무

허 무

흘러가는 세월
따라가는 인생
가고 옴이 덧없음이 아니던가

자랑할 것도
후회할 것도 없지만
주어진 생에의 충실을 사랑한다

낙엽 한 잎
발길에 채여 흘러가듯
따라가듯 길 재촉한다

황 혼

어찌하여 가을을
떠나는 계절로 읽는 걸까
낙엽을 조락(凋落)하는
인생에 비유하듯
돌아가는 계절이기 때문일까

아무러면 어쩌나
인생도 저물면 돌아가는 것을
돌아가 자연으로 귀향하는 것을

석양 바라보니
어느덧 멀리 와버린
내 그림자가 길다
앞으로 가야할 길이
저만큼이나 될까

지는 노을녘에
허수아빈듯 서 본다

인 생

인생이란
한번 왔다 가는 것

가는 길 되돌릴 수 없어
주어진 길만 밟아야
하는 것

헛발질 없이
쉬임없이 걸어온 길이기에
후회는 없다

지금까지의 삶이 그러했듯이
세월의 강 저쪽
가 닿아야 할 대안을 향해
석양의 고은 노을로
남은 삶 칠하고 싶다

사랑이란

사랑이란
강이다
흐를수록 길어지고
넓어져 깊어지기 때문이다

그 길이를 좇고
넓이로 살고
깊에 빠져 죽었을 때만
사랑은 완성되는

사랑은 강이다
그 강에 투신했을 때만
사랑은 사랑으로
하나가 된다

선한 삶

선을 향해
헛발질 하지 않았으니
어찌 부끄러움이 있겠는가

한사코 동행자로 따라붙는
악의 유혹
어찌 한번쯤 없었겠는가마는
한눈 팔지 않았으니
역시 부끄러움이 없다

다만
뉘우침 있다면
과연 선을 좇으면서도
제대로 선을 실천했던가

이 물음에는
부끄러움이 없지 않으니
선을 좇음보다
실천함이 더 어려운가보다

맑은 마음

북한강 맑은 물소리
달빛 실어 나르는
상달
가슴에도 여울 하나 흘러
그리움 실어 나른다

명예 · 재물에 빼앗긴 마음들
가슴엔 강물 지니지 못하고
흘려보낼 그리움도
그리움 실어 띄워 보낼
쪽배 없이 마른 강으로 살아간다

삭막한 강엔
시대의 노도에 난파된
폐선이 한 척

고 백

후회없이
죄짓지 아니하고 살아왔는데도
돌아보니
남은 것은 죄뿐이다

죄의 사슬을 벗어날 수 없는
인간의 숙명
죄를 후회할 게 아니라
죄를 사랑하며 살 수는
없을까

미움도 사랑이듯이
죄 또한 사랑이 될 수
있음이거니

기 도

눈감아도 보이는
길이 있다

가 닿으면
새로 주어지는
길도 있다

헛발질 않고
뚜벅뚜벅 걷다보면
가 닿을 수 있는 길
주님의 말씀 동행삼아 걸으면
새로 주어진 길에
들어설 수 있을까

나홀로

서리 맞은
단풍잎
저녁 놀에 물들고

은행잎들
영양실조인듯
노랗게 황달기다

지병보다
더 큰 병은 외로움
독거노인의 삶

이슬 같은 마음

한강의 맑은 물결
달빛 풀어 섞여선가
풀잎에 맺힌 맑은 이슬
밝은 햇빛 박힌
진주알 물방울에
몸섞어 흐른다

허망한 세상속에
명예 · 권세 · 재물 충만해도
검은 마음 못 헹구면
혼탁한 세상 못 벗어나
맑은 마음 밝은 행동
하늘 내린 복을 받으리

십자가의 마음

마음 열리고
가슴 다수워지며
말씀 없이도
들리는 말이 있어
귀가 열리고
스스로 손모아
발원하는 기도가
있어

올려다 보니
피어오르지 않고도
감싸주는 향이 일고
일어 무릎꿇게
하는 모습
그것은
향나무 십자가(十字架)였네

나의 기도

내 아이들의 눈망울 속에
희망을 심어 빛나게 하시고
밝은 얼굴에 항시
웃음이 꽃으로 피게 하시고
때묻지 않은 순결한 마음으로
님의 뜻을 좇게 하소서

내 아이들의 깨끗한 손이
항시 모두어 기도하게 하시고
자칫 헛발질하기 쉬운
발걸음이 내일로 향하게
하소서

내 아이들의 삶 속에
님의 은총과 사랑이 충만하는
크고 맑은 호수 하나
지니게 하소서

양들의 모습

풀 뜯는
양떼들의 모습은
평화롭다

평화롭다 못해
한가로운
방목으로 살이 찌는
양떼

막대든 양치기는
목자다
우리 구원의 주님

거짓말 하지 않는 것

사랑은
거짓말을 하지 않는다
진실밖에 말할 줄 모르므로

땀은
거짓말을 하지 않는다
열매로 말하고 열매로 영그니까

웃음은
거짓말을 하지 않는다
마음에 거짓이 있으면
웃지 못하니까

눈물은
거짓말을 하지 않는다
거짓은 눈물에 녹고
헹궈지니까

제4부

시집 평설

思鄕·斜陽과 동행하는 求道의 길

박진환
(문학평론가·문학박사)

1. 前提

마음 한켠엔 思鄕을, 다른 한켠엔 斜陽을 동무하고 동행하며 구원의 길을 좇아 쉬임없이 족지를 찍고 가는 노경의 시인이 있다.

비록 육신은 지체부자유의 몸이지만 한 번도 정지함이 없이 십자가를 짊어지고 내딛는 고행과 같은 구도의 길을 걷고 있는 노시인, 육체와는 달리 정신적 지양만은 노경의 인생황혼을 앞에 하고도 거침없는 자유분방함을 보여주며 당당한 행보를 옮기고 있는, 斜陽을 길동무 하는 노시인이 있다.

思鄕과 斜陽을 동행하고 구도의 길을 걷고 있는 박영재 시인이 바로 장본인이시다. 강원도 양구에 사시면서도 전국 방방곡곡에 시인의 족지가 찍히지 않는 곳이 없을 만큼 오늘도 거침없는 발걸음을 내딛고 계신 분이 박영재 시인이시다.

시인의 행보엔 함께하는 길동무가 있고 또 정신지향의 길은 마치 철도의 궤적처럼 양갈래 길로 주어지고 있는데 길동무는 思鄕과 斜陽이고 양갈래 길은 시인의 길과 신앙의 길이다. 시인은 길벗과 함께 쉬임없이 두 길을 걸어오고 걸어가면서 오늘도 자랑스런 족지를 찍으며 행려의 길을 걷고 있다.

오늘날과 같은 단독자 시대의 외로움을 아랑곳 하지 않고 뚜벅뚜벅 내딛는 시의 길과 신앙의 길은 기실 두 길이 아닌 하나의 길로서 자신의 구원을 향해 내딛는 구도의 길이라 할 수 있다.

일찍이 프랑스의 비평가인 R. M. 알베레스는 시인을 미지의 세계가 있다는 것을 믿고 신앙하는 신앙인이어야 한다고 피력한 바가 있다. 박영재 시인의 독실한 기독정신과 시정신을 앞장세워 걷고 있는 구도의 길도 신앙인으로서의 시인과 기독인으로서의 시인의 길이 각기 따로따로가 아니란 점에서 시인이 걷고 있는 두 길은 구원의 길이 되어주기도 하고 구도의 길이 되어주기도 하는 등식을 성립시킨다.

미지의 세계에의 신앙, 신앙의 궁극으로서의 구원의 세계를 믿는 박영재 시인은 시인이자 신앙이란 점에서 동류항의 것이 된다. 그리고 이러한 동류항은 시인이 걷고 있는 길을 구원을 향한 구도의 길로 보아줄 수 있게 하는 근거를 제공해준다. 그보다는 시집 『반석 위의 백합향』에 이어 이번에 상재하는 두 번째 시집 『뿌리깊은 그루터기』는 이를 시로써 보여주고 있어 설득력과 신뢰를 획득하고 있다고 보여진다. 시를 제시, 구체화 했을 때 시와 신앙과 구원으로서의 시인이 걷고 있는 구도행은 그 본태를 극명히 드러낼 것으로 본다.

2. 동행으로서의 思鄕과 斜陽

이번에 상재한 시집 『뿌리깊은 그루터기』에는 1백여 편의 시가 수록되어 있는데 시를 통해 분류해보면 세 詩域이 제시될 수 있을 것으로 본다. 하나는 思鄕을 중심으로 설정되고 있는 思鄕공간이고, 다른 하나는 노경의 시인이 맞고 있는 斜陽공간, 그리고 이 두 공간을 옆에 끼고 동행하면서 구원의 길을 향해 중단됨이 없이 내딛고 있는 시와 신앙의 공간을 세 번째 詩域으로 제시할 수 있을 것으로 본다. 각 시역별로 시를 제시, 구체화 했을 때 시집 『뿌리깊은 그루터기』의 시세계는 그 본태를 여실히 드러내줄 것으로 보고 시를 제시, 구체화해 보기로 한다.

2-1. 思鄕공간

시집 제1부를 장식하고 있는 '思鄕譜'는 고향을 시의 공간으로 설정, 현실공간으로서의 고향, 가버린 날의 옛으로서의 공간, 그리고 고향이 환기시키는 인사적·정서적·정신적 내면풍경으로서의 정신공간으로 나누어 조명해 볼 수 있게 한다.

먼저 현실공간으로서의 시편부터 제시해 보기고 한다.

산촌 고향 마을에
저녁연기 떠오르면
멍석자리에 모깃불 피우고
동네사람 둘러앉아
옥수수 하모니카 삼아 곡조 없는 노래방 되고
메아리 없이도
웃음꽃 활짝 피워 정다운 이웃사촌이 된다

눈 매운 쑥 연기는
메이커 없는 천연 모기향
향으로 모기장 둘러친
흐르는 시간 속을
깊어가는 밤하늘
쏟아지는 별똥별이
빗금을 긋고 간다

예시는 「고향마을 · 1」의 전문이다. 강원도 양구가 고향인 시인의 로컬리티가 물씬 배어난 예시는 '산촌', '저녁연기', '멍석자리', '모깃불', '동네사람', '옥수수', '쑥 연기', '쏟아지는 별똥별' 등의 시어가 환기시켜주는 짙은 향토성을 맛보게 해주고 있는데 시인의 고향의식이랄까, 문명이나 도심으로는 환시킬 수 없는 정겨운 사향보를 소박한 스냅으로 펼쳐 보여주고 있다고 할 수 있다.

시인이 직접 살고 있는 현실공간으로서의 고향, 실재공

간으로서의 현존의 공간은 다시 과거세랄까, 세월 저쪽의 옛 고향공간으로 이동되기도 한다.

> 되돌아보니
> 내가 찍고 온 발자국
> 선연하다
>
> 어떤 것은
> 헛발질로
> 어떤 것은
> 들여놓지 않았어야 할
> 족지(足指)로
> 재촉하던 발걸음을 멈춰
> 되돌아보게 한다
>
> 지나온 80 길고도 험했던
> 터널
> 회초리 아픈 세월이
> 흘러가는 구름으로
> 터널 저쪽 노을로 핀다

예시는 「세월」의 전문이다. 화자가 찍고 온 발자취를 되돌아봄으로써 세월 저쪽으로 현실공간이 이동되고 있다. 여러 형태와 의미로 찍힌 족지는 시행이 말해주듯 '헛발질', '들여놓지 않았어야 할 / 족지'로 제시되고 있고, 이 족지를 찍어 걸어온 길은 '지나온 80 길고도 험했던 / 터널'로 제시되고 있다. 80 고령이 이끌고 온 생의 발자취가 터널을 자나온 것으로 보아 험로였거나 어둠을 동반했던 것으로 미루어 짐작케 하는데 지나온 세월의 회초리질에 발걸음을 재촉했던 것으로 미루어 이를 알 수 있게 한다. 그리고 '터널 저쪽으로 노을이 핀다'는 진술로 보아 역경이었거나 고행이었던 터널을 지나 지금은 노을로 피는 자운을 앞에 하고 있음을 알게 하는데 여기에서의 자운은 달리 인생황혼으로 읽게 하는 斜陽이거나 고행 끝에 만난 밝은 미래 같은 것으로 읽게 해준다. 이는 현실공간으로서의 고향이 아닌 과거세의 세월 저쪽의 공간을 읽게 해주고 있는데 이러한 현실・과거세로서의 공간인 고향은 다시 인사적・인정적・정서적 공간으로서의 고향을 환기시키면서 '못다한 사랑'의 미련의 공간이 되어 주기도 한다.

비오는 날
유리창은 꽃밭이 된다

그리운 얼굴들이 꽃으로 피고
지워졌던 사연들도
꽃으로 핀다

못다한 사랑
우수로는 달래지 못한
옛날의 사랑도 꽃으로
피고

따뜻하게 불러보는
이름 하나도 꽃으로 핀다

비오는 날 유리창은
우수(雨愁)와 우수(憂愁)로
피우는 꽃밭이 된다

예시 「비오는 날의 그대 생각」에서 발견되는 시어 '비오는 날', '그리운 얼굴', '지워졌던 사연', '못다한 사랑', '雨愁'와 '憂愁' 등이 환기시키는 정서적 멜랑콜리는 고향을 정서적·인정적 공간으로 이동시켜주는 매체적 역할을 담당해주고 있음을 보여주고 있다.

해석이야 어쨌건, 고향이 현실공간, 과거세의 공간, 정서적 공간의 세 공간으로 구체화 되고 있는 것은 화자의 '思鄕譜'의 본적지가 고향이었다는 것을 말해주는 것이 된다.

2-2. 斜陽공간

斜陽공간으로서의 공항이 시인의 현존적·실제적 현실공간으로 주어져 사향보로 제시될 수 있었다면 '斜陽공간'은 정신적·정서적·인생론적 공간으로 주어진 詩域이라 할 수 있다.

노을·황혼·낙조·일몰·석양 등을 총체적으로 명명 '斜陽'이라 한다. 한마디로 해질녘쯤이 되는 사양은 흔히 인생황혼으로 즐겨 비유되기도 한다. 그리고 이러한 비유는 노경의 박영재 시인의 인생황혼과도 무관하지 않다. 그것은

斜陽의식의 시편들이 노경의 심경을 고스란히 시에 의탁하고 있는 것으로 드러나고 있기 때문이다. 제3부 시편들은 고스란히 斜陽譜로 제시되고 있는데 시를 제시했을 때 이해를 도울 것으로 본다.

황혼녘 노을빛이
해가 갈수록 더 곱게 보인다

마음 때문일까
나이 때문일까
아니면
황혼녘에 들어선
노경의 심회 때문인가

가버린 날이 다시
돌아오지 않는다 해도
살아갈 날이 지척이라 해도
슬퍼하지 말 것이

아직도 다하지 않은
고운 노을이 있고
내가 불사뤄야 할
인생 노을이 곱기 때문이다

예시는 「황혼길·2」의 전문이거니와 현상학적 노을길은 아니다. 그것은 '황혼녘 노을빛이 / 해가 갈수록 더 곱게 보인다'는 시각으로 포착한 노을빛이 2연에 오면 '마음 때문일까', '나이 때문일까', '황혼녘에 들어선 / 노경 때문일까'로 설의 되면서 정신적 사양의식의 발로로 이동되고 있기 때문이다. 현상학적 황혼을 통해 인생황혼을 걷고 있는 화자 자신의 노경의 심회를 고스란히 드러내 보여주고 있다는 뜻인데 다음 예시는 노시인의 斜陽의식을 잘 읽게 해주고 있다.

세상길 돌고 돌아
석양길로 접어들어
흰머리 흉한주름 등굽은 허리
남길 것은 이웃에 베풀고 갈 선과 덕인 것을

험한 벌판 걸어오고
모진 광풍 겪으면서
한포기 들꽃처럼
지나온 세월따라 피고 질것인가

이제 마감을 준비하며
모든 것 다 비워 버리고
석양의 노을빛처럼
비운 자리마다 예쁜꽃
좋은 열매 남겼으면

예시는 「인생 노을」의 전문으로서 '황혼'이란 사양의식이 '인생'으로 직접 제시되고 있어 사양의식이 보다 노골화

되고 있다. 동원된 시어들도 '흰머리', '흉한주름', '등굽은 허리' 등으로 인간의 구체적 형상을 빌어 노년기의 인생 노을을 읽게 해준다. 그리고 모진 세월이랄까, 살아온 역경이랄까를 '험한 벌판', '모진 광풍'으로 살아온 과정의 현장들을 비극화하면서 역경의 삶이 '예쁜꽃', '좋은 열매'로 마감되기를 소망함으로써 허무로부터 구원이기를 희망하기도 한다. 그런가 하면 직접 '허무'를 제기하면서 생의 무상이랄까, 덧없음의 삶에 대한 회의랄까를 직설적으로 표출하기도 한다.

흘러가는 세월
따라가는 인생
가고 옴이 덧없음이 아니던가

자랑할 것도
후회할 것도 없지만
주어진 생에의 충실을 사랑한다

낙엽 한 잎
발길에 채여 흘러가듯
따라가듯 길 재촉한다

예시 「허무」는 이를 잘 말해주고 있는데 시행 '가고 옴의 덧없음'이나 인생을 조락하는 낙엽에 비유, '발길에 채여 흘러가듯'이라고 빗대인 시행은 분명 생의 허무의식을 통한 사양의식을 잘 드러내 보여준 것으로 받아들일 수 있게 한다. 예시들에서 볼 수 있는 인생황혼과 황혼을 걸어가야 하는 인생길이 환기시키는 허무의식과 허무의식이 수반하는 인생무상과 같은 것은 시인이 아니더라도 누구나 체험할 수 있는 것들이다. 문제는 허무나 무상이 아니라 이로부터의 구원이나 또 다른 생의 길을 걷고자 하는 구원의 길을 설정하고 구도의 길을 걷는다는데 있다.

박영재 시인의 행보도 예외는 아닌 것 같다. 그것은 노시인이 시인의 길과 신앙의 길을 동시에 걸음으로써 구원의 길을 열어가고 있기 때문이다.

2-3. 시와 신앙의 길

노시인이 걷는 길은 시와 신앙의 길이다. 박영재 시인이 시인의 길을 걸으면서 원로장로로서 신앙의 길을 걷고 있는 것은 달리 구원의 길, 구도의 길을 걷고 있는 것이 된다. 시인과 장로라는 타이틀 말고도 알베레스가 피력했던 신앙인으로서의 시인과 신앙인으로서의 장로는 분명 동도인이 되게 된다. 동도인으로서의 구원의 길을 열어가고 있는 구도자로서의 박영재 시인은 시와 기도와 십자가의 마음으로 살아가는 구도인임에 틀림없게 된다. 그리고 시인은 이를 시로써 실천해 가고 있음을 보여주고 있다.

괴롭고 허전할 때엔
마음 펴내
시로 담아내고

외롭고 슬플 때엔
인생길 친구 되어 시를 쓴다

시를 쓰면
마음을 짓누르던
무거운 바위 하나 스르르 사라지고
흐르는 마음밭에
평화가 원고지를 펼쳐준다
시를 쓰면 마음의 평화가 찾아온다

예시는 「시를 쓰면」의 전문이다. 시인으로서 시를 쓰는 것이 단순한 창작인의 행위가 아니라 시가 구원임을 말해주고 있다. '괴롭고 허전할 때엔 / 마음 펴내 / 시로 담아내고'에서 보여주는 괴롭고 허전함을 달래주고 메워주는 시나 '외롭고 슬플 때엔 / 인생길 친구가 되어' 주는 시는 분명 시가 괴로움, 허전함, 외로움, 슬픔을 달래고 위안해주는 역할을 하기 때문으로 여겨진다. 곧 시가 지구수단이 되어준다는 뜻인데 시가 구원일 수 있는 것은 이 때문이다. 그것만이 아니다. '시를 쓰면 / 마음을 짓누르던 / 무거운 바위 하나 스르르 사라지고', '흐르는 마음밭에 / 평화'가 찾아옴으로써 아픔과 슬픔, 역경과 고통을 카타르시스, 시가 구원에 값하게 됨을 보여주기도 한다.

시만이 아니다. 기도 또한 구원의 수단이 되어주고 있는데 시를 제시해 본다.

눈감아도 보이는
길이 있다

가 닿으면
새로 주어지는
길도 있다

헛발질 않고
뚜벅뚜벅 걷다보면
가 닿을 수 있는 길
주님의 말씀 동행삼아 걸으면
새로 주어진 길에
들어설 수 있을까

예시는 「기도」의 전문이다. 시행 '눈감고도 보이는 / 길'은 가시적인 현장으로서의 길이 아닌 마음으로 열어내는 정신적인 길, 곧 구원의 길일 수 있다. 그래서 '가 닿으면 / 새로 주어지는 / 길' 곧 영생의 길이거나 열락의 길이 되어줄 수 있게 된다. 곧 '주님의 말씀 동행하는' 신앙의 길이자 구도의 길이요 구원의 길이 되어주는 이치를 성립시킨다.

한편의 시를 더 제시했을 더 극명한 것과 만날 수 있을 것으로 본다.

마음 열리고
가슴 다수워지며

말씀 없이도
들리는 말이 있어
귀가 열리고
스스로 손모아
발원하는 기도가
있어

올려다 보니
피어오르지 않고도
감싸주는 향이 일고
일어 무릎꿇게
하는 모습
그것은
향나무 십자가(十字家)였네

시 「십자가의 마음」이 보여주고 있는 '마음 열리고', '가슴 다수워지며', '말씀 없이도 들리는 말'은 분명 복음이다. 복음을 듣고 기도로 기구해보는 발원은 신앙을 통한 구원의 실현이거나 실천의 의지지향이다. 이러한 의지지향만이 올려다 보며 무릎 꿇을 수 있는 십자가는 신앙과 구원을 동시에 말해주는 것이 된다.

이상 예시에서 볼 수 있듯이 시·기도·십자가는 서로 다른 양식이지만 궁극적으론 구원을 기구하고, 실현하고자 한다는 점에서 동일성을 성립시킨다. 이쯤에서 결론은 제시될 수 있을 것으로 본다.

3. 결어

박영재 시인의 두 번째 시집 『뿌리깊은 그루터기』는 사향공간, 斜陽공간, 시와 신앙의 공간으로 세 시역을 설정, 이를 시로써 실천함으로써 구원에 가 닿고자 한 시와 신앙을 통한 구원의 구가와 함께 이를 실현해가는 구도자의 모습을 보여준 것으로 시와 신앙의 길을 걷고 있는 시인 자신의 모습을 보여준다고 할 수 있다.

•

박영재 시인은 강원 양구 출신으로 양구 사랑의교회 원로장로이며, 성로회 중부지역 회장, 한국기독교 원로장로 총연합회 부회장이다. 조선문학문인회 · 여강시가회 · 한국시조사랑 운동본부 이사직을 맡고 있다. 광진문화원 모범공로상 · 여강시가회공로상 · 제29회 동백문학상 · 한국기독교 원로장로회 공로상 · 국민운동본부장 유달영 공로상 등을 수상했고 대통령 감사장을 2회 받았다. 시집 『반석 위의 백합향』, 『뿌리깊은 그루터기』 가 있고, 시조집으로 『山水와 同行』, 『구름타고 땅을 보니』 가 있으며, 기타 동인지 다수가 있다.

•

뿌리깊은 그루터기

2012년 7월 5일 인쇄
2012년 7월 10일 발행

지은이 / 박영재
발행인 / 박진환
펴낸곳 / 조선문학사
등록번호 / 1-2733
주소 · 110-092 서울 서대문구 홍제2동 96-4
대표전화 / 730-2255
팩스 / 723-9373

ISBN 978-89-93614-96-1

정가 8,000원